Von Elisabeth Zöller und Brigitte Kolloch sind in dieser Reihe erschienen:
Ich will aber nicht! – Vorlesegeschichten vom Trotzigsein und Sich-Verstehen

Brigitte Kolloch, 1975 geboren, hat schon als Kind gerne Geschichten erzählt und aufgeschrieben. Nach einer Ausbildung zur Kinderkrankenschwester arbeitet sie heute auf einer Intensivstation für Frühgeborene. Sie hat nie aufgehört zu schreiben und ihre Bücher erscheinen bei verschiedenen Kinderbuchverlagen.

Elisabeth Zöller, geboren 1945, träumte schon als Kind davon »später« zu schreiben. Sie studierte Deutsch, Französisch, Kunstgeschichte und Pädagogik in München, Lausanne und Münster. Mit dem Schreiben begann sie 1989 nach 20 Jahren als Lehrerin. Ihre Bücher wurden in verschiedene Sprachen übersetzt und mit vielen Preisen ausgezeichnet.

Eva Czerwenka, geboren 1965 in Straubing, studierte Bildhauerei an der Kunstakademie München. Seit 1992 ist sie freischaffend als Illustratorin für verschiedene Verlage und als Bildhauerin tätig.

Einband und farbige Illustrationen von Eva Czerwenka
Reproduktion: Domino, Lübeck
Druck und Bindung: J.P. Himmer, Augsburg
Printed in Germany 2004
ISBN 3-7707-5960-5

www.ellermann.de

Elisabeth Zöller · Brigitte Kolloch · Eva Czerwenka

Ich bin ein richtiger Junge!

Vorlesegeschichten von Tobe-Schmusern und Kuschel-Kerlen

ellermann

Darf ein Junge kuscheln?

Julius hat heute richtig schlechte Laune. Schon beim Frühstück schimpft er herum. Beim Mittagessen mault er, und zwischendurch im Kindergarten war es nicht anders. Am Nachmittag grummelt er weiter. Und als Papa nach Hause kommt, da meckert und schimpft er immer noch.
Schließlich ist Papa so sauer auf Julius, dass er ihm mit sehr ernster Stimme sagt: »Julius, ein Junge mault und schimpft nicht den ganzen Tag herum. Irgendwann reicht es. Es gibt eine Grenze.«
Julius guckt seinen Papa groß an. Seinen Papa, der ihm doch sonst immer sagt, dass ein Junge ruhig wütend sein darf und traurig und trotzig. Und jetzt darf er nicht einmal meckern und maulen. Dabei murrt und schimpft Papa auch oft.
Julius verzieht sich in seine Schmollecke. Aber abends, als Mama ihn schon ins Bett gebracht hat, kann er nicht einschlafen. Er muss immer wieder an das denken, was Papa gesagt hat. Schließlich nimmt er seinen Kuschelbären und geht zu Papa und Mama. Sie sitzen vorm Fernseher und gucken sich einen Krimi an. Julius wartet ein bisschen. Dann sagt er laut: »Darf ein Junge wenigstens kuscheln?«
»Was hast du gefragt?« Mama starrt auf den Fernseher.
»Was hast du gesagt?« Papa starrt auch auf den Fernseher.
»Darf ein Junge denn kuscheln, und darf ein Junge grummeln, und darf ein Junge Angst haben, und darf ein Junge ...«

Und da kuschelt sich Julius schon in Papas Arm.
»Natürlich darf ein Junge kuscheln«, sagt Papa und lacht.
»Natürlich darf ein Junge lachen«, sagt Mama und kitzelt Julius an den Füßen und unter den Armen.
»War blöd von mir heute Nachmittag«, sagt Papa, »aber du warst echt nervig.«
»War blöd von mir«, sagt Julius, »aber du warst auch nervig.
Aber eins steht fest: Ein Junge darf kuscheln, küssen und knutschen.«
»Klar«, sagt Papa, »ein Junge darf das alles, genau wie alle andern. Und wir haben dich auch lieb, wenn du grummelst. Aber nerven ist nicht schön. Was zu viel ist, ist zu viel.«
Julius nickt: »Ja, da gibt es eine Grenze.«
»Auch für Papas«, sagt Mama ganz ernst.
»Und für Mamas.« Papa schaut Mama an.
Dann müssen alle drei auf einmal schrecklich lachen, denn Kuscheln und Knutschen sind eigentlich zum Freuen und Lachen für Julius und Jungen und für Papas und Mamas.

Wie der kleine König Pirat werden wollte

Der kleine König kam eines Morgens zu seinem Königspapa und verkündete: »Papa, ich werde Kapitän. Kapitän auf einem großen Schiff.«
»Kommt überhaupt nicht infrage«, sagte der große König, »ein kleiner König wird kein Kapitän.«
Der kleine König stampfte mit dem Fuß auf: »Na und! Ich will aber Kapitän werden.« Und ging aus dem Zimmer.
Da war der große König sehr traurig.

Der große König regierte das Land.
Er kannte die Namen von allen Schweinen, Kühen und Schafen, er rechnete aus, wie viele Äpfel jedes Jahr geerntet wurden, und er zählte alle Butterblumen auf den Wiesen. Der große König wusste alles, was in seinem Land passierte. Dem kleinen König aber war das egal. Ihn interessierten keine Butterblumen, und er wollte keine Apfelkörbe zählen, und die Namen von allen Schweinen, Kühen und Schafen wollte er schon gar nicht auswendig lernen. Er stampfte noch einmal mit dem Fuß auf. Nein, nein, das alles wollte er nicht! Er wollte die Welt entdecken und Abenteuer erleben. Er wollte Kapitän werden. Kapitän auf einem großen Schiff.
Da konnten Papa König und Mama Königin so viel reden, wie sie wollten. Es half alles nichts.

Eines Morgens setzte der kleine König seine Krone ab, malte sich einen Schnurrbart ins Gesicht, hängte sich einen Säbel um den Bauch, setzte eine Schiffsmütze auf den Kopf und zog eine zerlöcherte Hose an. Die Königin jammerte, der König war traurig. Aber der kleine König wollte nun einmal als Kapitän auf Abenteuerfahrt gehen.

So zog er los. Er lief in den Hafen und schaute sich alle Schiffe an. Große und kleine, bunte und hölzerne. Schiffe mit Drachen vorne am Bug oder Schiffe, auf denen wunderschöne Seejungfrauen gemalt waren. Schiffe mit bunten Wimpeln und schwarzen Flaggen. Er schaute sich alles an und fand schließlich ein wunderbares Schiff. Es war aus Holz und hatte tausend Segel. Es war ein Piratenschiff. Und der Kapitän des Piratenschiffs war ein einbeiniger Mann mit dunklem Bart und wilden Augen. Und einem Goldzahn, links vorne. Der kleine König heuerte als Schiffsjunge an. Denn auch wenn man ein kleiner König ist, kann man nicht gleich ein großer Kapitän werden. Als Kapitän muss man nämlich viel wissen und ganz lange zur See gefahren sein.

Hui, wie der Wind wehte, wenn der kleine König die Segel hochziehen musste. Und hui, wie der Wind wehte, wenn der kleine König das Deck schrubben musste. Und hui, wie der Wind wehte, als sie nichts mehr zu essen hatten. Dem kleinen König taten die Knie weh und der Rücken von der vielen Arbeit. Er biss sich auf die Unterlippe. Aber davon ging der Hunger nicht weg.
Der Kapitän mit den wilden Augen und dem Goldzahn links vorne hielt Ausschau nach anderen Schiffen, die sie ausräubern konnten. Aber die anderen Schiffe waren viel schneller. Oder es waren nur kleine Fischerboote mit leeren Netzen. Sie suchten und suchten. Und sie schauten immer auf das weite Meer und nicht mehr in den Himmel. So sahen sie nicht, dass ein Sturm aufzog. Ein richtig großer Sturm. Alle anderen Schiffe hatten sich in den Hafen zurückgezogen. Nur das Piratenschiff, das wurde vom Wind und von den Wellen hin und her über das Meer geworfen.

Dem kleinen König klopfte das Herz, als das Schiff immer mehr schaukelte. Schließlich konnte er sich an Deck kaum noch halten, und da holte ihn der Kapitän mit den wilden Augen und dem Goldzahn links vorne unter Deck. Was würde werden?
Die wilden Piraten hatten Angst vor dem Sturm. Sie hatten Hunger und waren unzufrieden. Sie waren mürrisch und knurrten.
Als alle so schlecht gelaunt unter Deck saßen und keiner einen Ton sagte, sagte der Kapitän mit den wilden Augen und dem Goldzahn links vorn zu seiner Mannschaft: »Jetzt erzählt doch mal, woher ihr so kommt.«

Als der kleine König an die Reihe kam, wollte er natürlich nicht verraten, dass er ein kleiner König war. Sie würden ihn nur alle auslachen. Ein Schiffsjunge, der Kleinste auf dem ganzen Schiff, kann kein König sein, auch kein kleiner König. Er sagte deswegen: »Ich bin der Sohn eines Schusters. Ich komme aus der großen Stadt. Ich wollte die weite Welt sehen.«
»Und hast du sie jetzt gesehen?«, fragte der Kapitän und lachte so laut, dass sein zweiter Goldzahn rechts hinten auch blitzte.
Da schrie auf einmal einer von oben: »Land in Sicht!«
Und tatsächlich: Der Sturm ließ ein bisschen nach, und die Strömung trieb das Schiff an die Küste.
Die ganze Mannschaft ging an Land. Und der kleine König sah plötzlich, dass sie im Land des großen Königs waren, im Land von Papa König! Und so ging der kleine König mit seiner Schiffsmütze, dem angemalten Schnurrbart und der zerlöcherten Hose zum Schloss, klopfte an das Tor und sagte: »Ich habe Hunger.«
»Ja, wenn da jeder kommen würde«, schimpfte der alte Torwächter und wollte ihn wegschicken. Denn Bettler konnte er nicht leiden. Aber dann sagte er: »Moment mal. Die Stimme kenne ich doch.«
Wie gut, dass der alte Torwächter die Stimme des kleinen Königs erkannte. Schließlich hatte er vom großen König den Befehl bekommen, sofort alle Fanfaren blasen zu lassen, sobald der kleine König wieder da war. Und das

tat der alte Torwächter auch. Und dann holte er erst mal den kleinen König herein, setzte ihn in die große Badewanne, wusch und schrubbte ihn, holte seine Königskleider und setzte ihm seine kleine Krone auf. Zum Schluss kochte er ihm einen großen Topf voll mit seiner Lieblingssuppe.
Als der kleine König satt war, führte ihn der Torwächter in den großen Saal. Der kleine König freute sich. Und Papa König und Mama Königin freuten sich noch viel mehr. Sie drückten und küssten den kleinen König und warfen vor Freude ihre Kronen in die Luft. Und es wurde gefeiert. Drei Tage und drei Nächte. Denn der kleine König war so glücklich, dass er wieder zu Hause war. Und seine Eltern waren noch viel glücklicher.

»Aber die Abenteuer waren klasse«, sagte der kleine König. »Mit einem Schiff auf das Meer hinausfahren macht echt Spaß.« Und ganz leise, so dass es keiner hören konnte, sagte er: »Aber nur für eine Zeit.«

Ritterspiele

Jonas freut sich heute so sehr auf den Kindergarten. Heute ist nämlich Klaus wieder da. Klaus ist ein Sozialarbeiter, der zweimal in der Woche kommt und mit den Jungen im Kindergarten Jungenspiele macht und Tobespiele mit allen, die mitmachen wollen.

»Mama, ich muss Zeitungen mitnehmen!« Jonas ist ganz aufgeregt. »Und meine Gummistiefel und die Matsch- und Kletterhose für Ritterspiele brauche ich auch.«

»Was ihr alles spielen wollt.« Mama staunt.

»Klar«, sagt Jonas, »mit Klaus macht das richtig Spaß.«

»Wie spielt ihr denn Ritter?«, fragt Papa.

»Als Erstes basteln wir aus Zeitungen Ritterhelme und Ritterschwerter. Danach setzen wir uns in den Regelkreis und erklären Ritterregeln.«

»Mensch, die will ich auch wissen, die Ritterregeln.«

Jetzt wird Papa auch ganz aufgeregt. »Welche Regeln gibt es denn?«

»Ein Ritter kämpft niemals weiter, wenn der andere auf dem Boden liegt. Das ist unfair.« Bei der nächsten Regel muss Jonas ein bisschen überlegen: »Ein Ritter gibt dem, der am Boden liegt, die Hand, damit er besser aufstehen kann. Das ist ritterfair, hat Klaus gesagt.«

»Klasse Regeln«, sagt Papa und will eigentlich noch viel mehr fragen, aber Jonas ist schneller. »Jetzt muss ich aber wirklich gehen«, ruft er und rennt schon zum Auto.
Am Mittag, als Mama ihn aus dem Kindergarten abholt, ruft er ihr schon von der Pforte aus zu: »Einmal war ich der Stärkste und einmal Philipp, einmal Moritz und am Schluss Max.« Er lässt sich in den Autositz plumpsen.
»Habt ihr Ritterspiele gemacht?« Mama dreht sich zu dem begeisterten Jonas um.
»Klar, und Klaus hat uns erklärt, dass bei Ritterturnieren nie einer richtig verletzt werden durfte. Das ist ritterfair. Und darauf hat Klaus ganz streng geachtet.«
»Ein Ritter muss also einen anderen achten«, sagt Mama.
»Ja, klar. Jeder ist ja anders stark. Das hat Klaus uns auch erklärt. Philipp ist echt ritterkampfstark, und Max ist mehr kopfstark und so eben ... Mama, beim nächsten Mal müssen wir ganz wichtige Sachen mitbringen!«
»Und was?«, fragt Mama.
»Beim nächsten Mal gehen wir in die Bärenhöhle mit Taschenlampen. Und wir machen eine Schlammschlacht im Wald oder Schneeballwerfen in der Gruppe.« Jonas hält seine Kindergartentasche so, als wolle er einen Schneeball abwehren.
»Schneeballwerfen? Im Sommer?«, fragt Mama.
»Klar«, erklärt Jonas, »Schneebälle aus Zeitungspapier machen auch im Sommer Spaß.«
Am Mittagstisch legt Jonas schon beim Fischstäbchenessen den Kopf an Mamas Schulter.
»Starker Ritter.« Mama streichelt ihren Jonas.
Jonas gähnt. »Liest du mir eine Geschichte vor? Die von gestern, von der verliebten Wolke.«
»Ja«, sagt Mama. Und sie wundert sich ein bisschen, dass ihr Ritter-Jonas gerade diese Geschichte so gerne mag.
Als Mama vorliest, kuschelt sich Jonas

richtig an sie. Er brummt vor lauter Wohlfühlen vor sich hin, so schön ist es in Mamas Nähe.
»Mein lieber Jonas«, sagt Mama.
»Meine starke Mama«, sagt Jonas lachend, »meine Ritter-Mama.«
»Mein ganz starker, zarter Jonas«, murmelt Mama zurück. Und Papa ruft von der Haustür: »Wie geht es meinem Ritter-Jonas?«
Aber da ist Ritter-Jonas schon in Mamas Armen eingeschlafen und lächelt im Traum.

Ein Indianer kennt keinen Schmerz

Paul ist mit Lisa, Charlotte, Friedrich und Bastian an der Baustelle. Sie wissen, dass das eigentlich verboten ist, aber das Spielen dort macht so einen Spaß.
»Ich bin heute Vater!«, ruft Paul.
»Und ich Kind«, sagt Bastian.
»Au ja, wir spielen Vater-Mutter-Kind«, meint Lisa.
Da bleibt Paul an einem Brett mit rostigen Nägeln hängen. »Aua!«
Der Nagel hat seinen Strumpf unten am Fußgelenk durchgerissen. Oh, das tut weh!
»Zeig mal«, sagt Lisa.
Paul schüttelt den Kopf und beißt die Zähne zusammen.
»Doch, du musst das zeigen!«, sagt Lisa noch einmal, und Bastian nickt. Sie legen Paul auf die Bank wie auf eine Trage. »Komm, wir spielen Arzt.«
Paul beißt die Zähne aufeinander. Sie schauen sich alle zusammen den Riss an seinem Fußgelenk an. Er ist so lang wie Lisas Ringfinger. Er blutet und geht ganz schön tief. Doch Paul will tapfer sein. Lisa holt ihm Blumen. Friedrich hat ein Tempotaschentuch in der Tasche und legt es auf die Wunde. Bastian holt ein paar Kräuter und legt sie obenauf.
»Wie echte Ärzte«, sagt Charlotte fachmännisch.
»Aua, das tut weh.«
»Du musst zu deiner Mama«, sagt Bastian.
»Quatsch«, sagt Paul, »ein Indianer kennt keinen Schmerz.«
»Aber es blutet richtig!«, sagt Friedrich, »auch ein Indianerjunge muss so etwas zeigen.«
Das muss ausgerechnet Friedrich sagen! Der hat sonst immer so eine große Klappe. Jetzt erst recht nicht, denkt sich Paul. Er ist doch keine Memme. Er zieht seinen Strumpf hoch und bleibt liegen, während die anderen weiterspielen.
Als es dämmrig wird, müssen alle nach Hause.
Beim Abendessen will Paul nichts essen. Aber von seinem Fuß sagt er nichts.

»Komisch«, sagt Mama, »sonst magst du doch gerne Pfannkuchen.«
Und wie Paul die mag. Aber sein Bein tut weh, und so lecker sind Pfannkuchen dann auch wieder nicht.
»So, jetzt ist es Zeit, ins Bett zu gehen«, sagt Mama. Paul geht ins Badezimmer. Er putzt sich heute nur die Zähne. Seinen Strumpf zieht er nicht aus. Er will Mama nichts zeigen. Er ist ja kein Baby! Mama sieht noch, wie Paul ins Bett schlüpft. »Du hast deinen Strumpf noch an!«
»Macht nichts«, sagt Paul, »mir ist kalt.«
»Aber der Strumpf ist schmutzig«, sagt Mama.
Gut, dass Mama das Blut nicht sieht. Und es tut so weh.
»Du, Paul, das finde ich nicht gut.«
Soll er es doch zeigen?
Da kommt Papa ins Zimmer. Er will Paul einen Gutenachtkuss geben.
»Paul will seinen Strumpf nicht ausziehen.« Mamas sind immer solche Petzmäuse. Und es tut so weh.
Da hört Paul auf einmal Papa sagen: »Komm, Paul, wir ziehen den Strumpf aus.«

Paul kuschelt sich ganz eng zusammen, so dass keiner an sein Bein kann. Papa setzt sich zu Paul ans Bett, streichelt ihn und sagt: »Paul, du hast doch was.« Und es tut weh, so weh.
Jetzt endlich nickt Paul. Und muss auf einmal ganz schrecklich weinen. Papa und Mama streicheln ihn. Sie sind richtig lieb und dann richtig erschrocken. Die Wunde sieht jetzt noch ein bisschen schlimmer aus. Sie ist dunkel, und das Blut ist trocken. Und tut noch mehr weh.

»Damit müssen wir zum Arzt«, sagt Papa. »Sofort.«
Er packt Paul samt Bettdecke hinten in sein Auto.
Die Schwester im Krankenhaus sieht sich die Wunde an und sagt: »O, là là.«
Ein junger Arzt kommt. Er schüttelt den Kopf. »Habt ihr Indianer gespielt?«
»Ein Indianer kennt keinen Schmerz«, zischt Paul.
»Das sieht aber nicht gut aus«, sagt der Arzt, »das ist sogar für einen Indianer eine schlimme Wunde und tut bestimmt auch einem Indianer weh.«
»Echt?«
»War das vielleicht ein rostiger Nagel?«, will der Arzt wissen.
Paul nickt. Rostige Nägel müssen sehr schlimm sein. Das merkt Paul sofort.
»Dann muss ich dir jetzt eine Spritze geben«, sagt der Arzt. »Das kann sehr gefährlich werden mit Rost in der Wunde. Von Rost kann der Fuß steif werden.«
Paul erschrickt. Bloß nicht!
Und der Arzt beginnt zu spritzen, zu nähen und zu verbinden.
»Paul muss für zwei Tage hier bleiben«, sagt er am Schluss. Und zu Paul sagt er: »Tut mir Leid, Paul. Aber wenn Rost in der Wunde ist, muss man einfach ganz vorsichtig sein.«
Der Arzt wendet sich wieder an Papa. »Sie können übrigens solange bei Paul bleiben, wenn Sie wollen.«
»Ich kann auch alleine hier bleiben«, sagt Paul leise.
»Das brauchst du aber nicht«, sagt der Arzt, »wenn man Schmerzen hat, hat

man Schmerzen. Das soll man sagen, auch als Junge. Und wenn du nicht alleine hier bleiben möchtest, dann musst du das auch nicht.«
Und dann bringt eine Schwester Paul in sein Zimmer. Papa bleibt bei Paul.
Als Mama am nächsten Tag zu Besuch kommt, setzt sie sich mit Papa auf Pauls Bett und sagt: »Weißt du, lieber Paul, der Spruch: Ein Indianer kennt keinen Schmerz, der stimmt so nicht. Wenn du dir wehgetan und dich verletzt hast, dann darfst du nicht sagen: Macht nichts. Eine Wunde ist eine Wunde. Und eine Wunde muss man zeigen. Und die muss ein Arzt sich anschauen. Du hast gehört, dass das gefährlich werden kann. Wenn du sagst, dass du Schmerzen hast, dann bist du tapfer und stark – ein richtiger Indianer eben.«
Paul hat Mama die ganze Zeit angesehen. Jetzt nickt er.
Und Papa sagt feierlich als Abschluss: »Ein Indianer kennt großen Schmerz – und er spricht darüber!«

Drei Mäusejungen, stark und zart

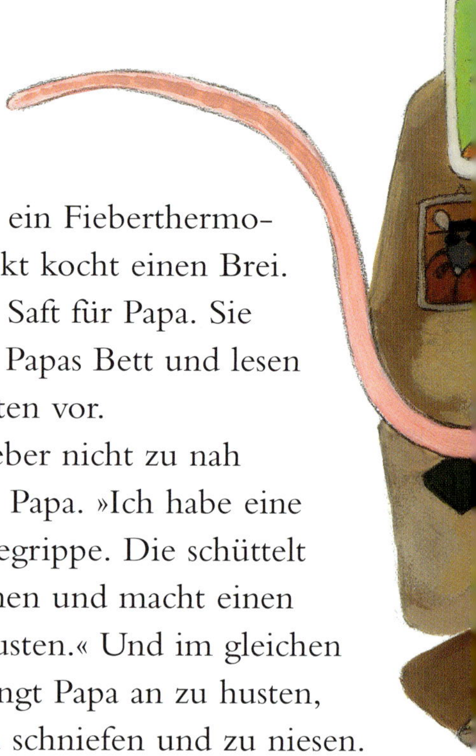

Dominik, Frederik und Benedikt sind kleine Feldmäuse, die mit ihrem Papa in einer warmen, gemütlichen Höhle wohnen.
Eines Tages merken sie, dass ihr Papa sich die Stirn wischt. Das macht er sonst nicht. Papa hört auch gar nicht richtig zu. Als dann noch Papas Beine anfangen zu zittern, fragen die drei Mäusekinder ihren Papa: »Papa, was hast du?«
Papa schüttelt erst den Kopf, aber dann sagt er: »Ich glaube, ich habe eine Mäusegrippe.«
»Sollen wir Dr. Ratte holen?«, fragt Dominik. Dr. Ratte ist ein richtig guter Arzt.
Papa will wieder den Kopf schütteln, aber dann nickt er.
Und schon macht sich Frederik auf den Weg. Benedikt und Dominik helfen Papa, sich in sein großes Nussbett zu legen.
»Ach, ist das kuschelig«, sagt Papa.
Dominik holt ein Fieberthermometer, Benedikt kocht einen Brei. Dominik holt Saft für Papa. Sie setzen sich an Papas Bett und lesen ihm Geschichten vor.
»Setzt euch lieber nicht zu nah ans Bett«, sagt Papa. »Ich habe eine richtige Mäusegrippe. Die schüttelt und rüttelt einen und macht einen schlimmen Husten.« Und im gleichen Augenblick fängt Papa an zu husten, zu prusten, zu schniefen und zu niesen.
Da singen sie Papa Lieder vor. Alle Strophen, die sie kennen, und Papa schließt die Augen und fühlt sich wohl mit seinen Mäusejungen.
Da kommt Frederik mit Dr. Ratte.
Dr. Ratte untersucht Papa und macht ein sehr ernstes Gesicht: »Sie haben wirklich eine schlimme Mäusegrippe. Sie müssen das Bett hüten. Soll ich Sie ins Mäusekrankenhaus bringen?«
Das wollen aber die drei Mäusejungen auf keinen Fall.

»Wenn Sie jeden Tag zweimal kommen«, sagt Dominik, »dann sorgen wir für unseren Papa. Wir bleiben nachts in seiner Nähe, wir lesen ihm Geschichten vor, wir messen Fieber, wir kochen Brei, wir bringen Wasser und Saft ...«
Alle sprechen aufgeregt durcheinander, und Dr. Ratte merkt, dass Papa Maus bei seinen drei Mäusejungen richtig gut aufgehoben ist.
Am Abend lesen die drei Papa eine besonders schöne Einschlafgeschichte vor.
Papa schläft ganz schnell ein. Als Papa in der Nacht wach wird, ist sofort Frederik da und fragt: »Möchtest du etwas zu trinken, Papa?«
Papa trinkt etwas und schläft dann wieder ein.
Jeden Morgen und jeden Abend kommt Dr. Ratte, so lange, bis es Papa wieder besser geht. »So eine tolle Familie! Wie ihr stark und zart zusammenhaltet«, sagt er bei seinem letzten Besuch. Da sind Dominik, Frederik und Benedikt ganz stolz, und Papa ist auch stolz – auf seine drei Mäusejungs.

Peters Grummelzoo

Peter liegt in seinem Zimmer auf dem Boden und schreit. Mama will ihm einfach keine Schokolade geben, sondern nur eine blöde Banane. Und das Piratenschiff bekommt er auch nicht richtig zusammengebaut. Da muss Peter einfach heftig strampeln und laut schreien.
Da setzt Papa sich in eine Zimmerecke und brüllt auf einmal so laut wie ein Löwe. »Brooö«, brüllt er, »ich bin sooooo wütend.«
Peter hört kurz auf zu schreien.
Papa brüllt weiter. »Ich bin sooo wütend wie ein Löwe.«
Peter sieht Papa an und schreit weiter.
Papa brüllt: »Ich bin so wütend wie ein großer, starker Löwe – broooö.«
Da springt Peter auf, stellt sich vor Papa und sagt: »Ich bin so wütend wie ein Tiger. Grrrh!« Und er macht seine Hände zu Krallen und springt auf Papa zu. Papa macht broooö, Peter macht grrrh. Sie schauen sich an und fauchen. Bis auf einmal Papa vor lauter Brüllen in Peters Arme fällt und Peter fauchend und lachend in Papas Arme.
»Oh, jetzt geht es mir schon viel besser«, sagt Papa. »Denn der Tiger faucht nicht mehr so gefährlich.«
»Und der Löwe brüllt nicht

mehr und macht mir keine Angst mehr«, sagt Peter. Sie sitzen eng beieinander. Ist das schön!
Papa brummt wie ein Bär, weil er sich so wohl fühlt.
Da muss Peter lachen. »Warum machst du das, Papa?«
»Nur so«, sagt Papa, »weil ich manchmal so böse bin wie ein brüllender Löwe oder ein fauchender Tiger. Wenn ich mich aber wohl fühle, dann brumm ich wie ein Bär. Brumm.«
»Au ja«, sagt Peter, »sollen wir das ab jetzt immer so machen, dass wir Tiere sind, die zusammenhalten, wenn wir wütend werden?«
»Au ja«, sagt Papa, »das ist die beste Idee aller Zeiten.«
Papa und Peter geben sich die Hand.
Dann bringt Papa Peter ins Bett.
Kurz bevor Peter am nächsten Morgen in den Kindergarten muss, weckt er seinen Papa. »Was bist du denn heute, Papa?«
»O«, sagt Papa, »heute bin ich eine Schlafmaus und bleib in meinem Bett.«
»Komm, Maus, du musst raus!«, ruft Peter und zieht Papa blitzschnell die Bettdecke weg.
»Recht hast du, leider!«, seufzt Papa.
»Tschüs, Papa, tschüs, Löwenpapa und Kuschelbär«, ruft Peter zum Abschied.
Und Papa antwortet: »Tschüs, Tiger und Löwenbär.«

Eine drachenmäßig starke Mutprobennacht

»Papa, Papa, gehst du mit? Wir machen eine Wanderung mit dem Nachtdrachen.« Oliver ist ganz aufgeregt.
»Natürlich komm ich mit! Kann Mama auch mit?«, will Papa wissen.
»Nein«, sagt Oliver, »leider. Das ist nur für Papas und Jungen.«

Ein paar Tage später treffen sich dann zehn Papas, Klaus, der Sozialarbeiter, der im Kindergarten für die Jungenspiele zuständig ist, und achtzehn Kindergartenjungen. Klaus hat zwei lange Seile mitgebracht, daran halten sich jeweils abwechselnd fünf Papas und neun Jungen fest. Der eine Seildrache heißt Frederik der Furchtbare, der andere Anastasios der Starke.

Dann gehen sie zusammen in den Wald, um einen Drachenkampf zu kämpfen.
»Wir sind der Drache Frederik der Furchtbare. Zusammen sind wir stark«, sagt Klaus, der den ersten Drachen durch die Nacht führt. Oliver ist in der Gruppe von Klaus.
»Wir sind der Drache Anastasios der Starke«, sagt der Papa, der den zweiten Drachen anführt. »Zusammen sind wir stark.«
Im Wald wandern und stolpern sie zwischen den Bäumen hindurch. Da knackt es, und ein Käuzchen ruft. Es ist ganz schön unheimlich. »Zusammen sind wir stark«, sagt Klaus ruhig in die Dunkelheit hinein.
Langsam haben sich Olivers Augen an die Dunkelheit gewöhnt. Er kann jetzt alles erkennen. Der Mond hat einen großen milchigen Hof. Ein paar Sterne

glitzern. Es ist richtig schön nachts im Wald.
Da knackt es wieder und kracht und faucht. Oliver bekommt ein bisschen Angst, aber ein Papa ist hinter ihm.
»Ich bin Anastasios der Starke«, ertönt plötzlich eine sehr laute, fauchende Drachenstimme in den Drachenwald hinein. Jetzt geht bestimmt der Drachenkampf los. Oliver wird ganz zappelig.
»Uuaah, uuaah.« Frederik der Furchtbare faucht zurück. Da zieht und zuckt das Seil. Festhalten, denkt Oliver. Er tanzt mit Frederik dem Furchtbaren vor und zurück. Er faucht laut mit allen anderen zusammen. Uuaah, uuaah und zzziisch-schsch ... Anastasios der Starke will sie einkreisen. Sie weichen blitzschnell aus. Die beiden Drachen zischeln umeinander. Sie zischeln und springen und stoßen.
»Zusammen sind wir stark«, sagt Klaus mitten in den Kampf hinein.
Ein Papa hält Oliver an der Schulter fest. Das tut gut.
Da sieht er auf einmal Anastasios, den anderen Drachen, genau neben sich. Er will zurückweichen. »Uuuaaah«, brüllt er und zischt in die Drachennacht.
Anastasios weicht zurück. Und zischt.
»Uuaaah, uuaah«, zischt Oliver als Antwort. Anastasios weicht hinter einen großen Baumstamm zurück.
»Friede«, sagt Klaus. »Ihr habt wunderbar gekämpft. Die Mutprobe und der Kampf sind beendet.«

Da werden alle still und stehen friedlich und müde nebeneinander. Sie haben es geschafft.
»Der Kampf ist beendet«, wiederholt Klaus.
»Puh«, sagt Oliver erleichtert und froh, »gibt es jetzt eine drachenmäßig starke Drachenbelohnung?«
»Jetzt gehen wir zum Drachenfeuer, da schleckern und schmatzen wir und trinken den guten Drachentrunk«, erklärt Klaus.
Sie gehen weiter. Es ist immer noch dunkel, die Zweige knacken, das Laub raschelt. Da stolpert Oliver. Jetzt macht ihm das nichts mehr aus. Er hält sich am Seil fest. Zusammen sind sie stark, sogar wenn einer fällt.

Auf der Lichtung ist ein großes Drachenfeuer. Zwei Papas haben den heißen, feurigen Drachenschmaus vorbereitet, und jetzt bekommt jeder eine in Folie gewickelte Kartoffel. Mmh, Oliver mag im Drachenfeuer geglühte Drachenkartoffeln. Alle hocken sich zum Essen auf Decken rund um das Feuer. Oliver sitzt neben seinem Papa.
»Ihr habt eine drachenmäßig starke Mutprobe bestanden«, sagt Klaus.
»Wir haben eine drachenmäßig starke Mutprobe bestanden. Zusammen sind wir stark!«, rufen alle Papas und Jungen.
Papa legt Oliver seinen Arm um die Schulter, und Oliver ist ganz furchtbar stolz, weil sie zusammen eine drachenmäßig starke Mutprobe bestanden haben.

Ein nächtlicher Streifzug durch den Obstgarten

Tommy ist noch ein ziemlich junger Dachs, aber sein Onkel Ronny nimmt ihn trotzdem oft mit auf seine nächtlichen Streifzüge. Tommy soll langsam den Obstgarten kennen lernen.
Eines Abends steht er wieder vor Tommys Höhle. »Streifzug mit Höhlennacht«, flüstert Ronny Tommy ins Ohr. »Mit Gruselgeschichten?«, fragt Tommy. Ronny nickt.
Tommy und Ronny Dachs ziehen los. Der Obstgarten liegt still da, nur noch wenige Tiere sind wach. Reste von Licht schwimmen zwischen den Bäumen. Das Laub raschelt, Ronny geht voran. Er schnüffelt immer wieder in der Luft herum. Er erhascht den Duft eines nahen Kartoffelfeuers, er findet am Boden die Spur eines Feindes. Das untersuchen die beiden genauer, aber die Spur verliert sich. Ronny erklärt Tommy ein paar Spuren, die sie an der Rinde des Apfelbaums finden, und er zeigt ihm den Höhleneingang einer neuen großen Mäusefamilie. Danach entdecken sie noch das Nest von einem Eichhörnchen. Dann sind sie sehr müde und wollen nur noch in Ronnys Höhle.
Zwischen den großen Wurzeln des Apfelbaumes ist ein Gang, der zu seiner gemütlichen Wohnung führt. Sie wühlen sich noch durch ein neues Stück Erde. Das macht richtig Spaß.
Doch plötzlich schnüffelt Tommy, und Ronny schnüffelt auch. Irgendetwas ist anders.
Ronny sagt: »Es kann sein, dass hier ein Fremder war.«

»Ein Feind?«, fragt Tommy zitternd. Sie versuchen weiter, fremde Spuren zu entdecken, doch nur der fremde Geruch bleibt. Schließlich legen sie sich hin. Das ist das Schönste, wenn Tommy bei seinem Onkel zu Besuch ist. Sie lassen eine Kerze brennen, so dass der Kerzenschein in der Höhle gruselig flackert, und Onkel Ronny erzählt Schauergeschichten. Ronny legt dabei den Arm um Tommy, so kann Tommy besonders gut einschlafen.

Gerade hat Ronny Dachs aufgehört zu erzählen, weil Tommys Augenlider schwer wurden, da hören sie ein Wühlen in der Erde.

Die Kerze flackert noch. Tommy schaut Ronny an. Seine Augen sind weit offen, die Nase zum Tasten und Schnüffeln in die Luft gestreckt. Onkel Ronnys Herz klopft. Das kann Tommy sogar in seinem Arm spüren. Tommys Herz klopft noch lauter als das von Ronny. Sie können immer noch das Wühlen hören.

»Da ist ein Räuber«, sagt Tommy zu Onkel Ronny.

»Psst.« Ronny macht ihm ein Zeichen. Tommy schweigt, lauscht, schnüffelt. Das Wühlen kommt immer näher.

»Verstecken«, sagt Ronny. Und sie nehmen ganz schnell ihre Schlafsäcke und drücken sich in die dunkelste Ecke der Höhle. Den grauen Schlafsack stopfen sie vor sich, so dass sie mit ihren Augen über die Schlafsackmauer lugen und den Eindringling beobachten können. Beide schweigen mit weit aufgerissenen Augen. Das Wühlen kommt immer näher.

Plötzlich sehen sie eine Schnauze, die sich durch die Erde bohrt. Ronny versucht, etwas zu erkennen. Er kennt seine Nachbarn und Freunde, er kennt natürlich auch seine Feinde. Doch der Schein der Kerze ist nur noch schwach,

und die Schnauze ist hinter den Erdkrumen kaum zu erkennen.
Nach einiger Zeit bewegt sich die Schnauze weiter. Ronny und Tommy haben richtig Angst. Doch auf einmal erkennt Ronny Max Maulwurf, seinen früheren Nachbarn.
»Max«, ruft er, »Max, wir sind es. Tommy Dachs und ich, Ronny. Keine Angst, Max.«
Max hebt seine Nase und schnüffelt. Maulwürfe können nicht gut sehen.
Dann ruft er: »Ja, Ronny, ich bin es!« Und die beiden fallen sich in die Arme.
»Mensch, hatte ich Angst«, sagt Ronny Dachs.
»Mensch, hatte ich Angst«, sagt Max Maulwurf.
»Hattest du auch so eine Angst?«, fragt Ronny seinen Neffen. Der guckt Onkel Ronny ein bisschen misstrauisch

an. Schaut sich Ronnys Gesicht genau an und sagt dann, ganz langsam: »Ich hatte Angst. Aber man darf doch gar keine Angst haben.«
»Natürlich darf man Angst haben, jeder hat Angst«, sagt Max Maulwurf entschieden.
»Wer hat dir denn erzählt, dass man keine Angst haben darf?«, fragt Ronny Dachs.
»Dackel Dieter in meinem Kindergarten. Der sagt das immer und lacht mich aus.« Und während Tommy davon erzählt, wie gemein Dackel Dieter oft zu ihm ist, ihn eine Petze und einen Angsthasen genannt hat, da werden Max und Ronny richtig wütend.

Und beide setzen sich zu ihm.
Und Onkel Ronny sagt: »Jeder hat Angst, und jeder kann seine Angst seinen Freunden zeigen. Dann ist man kein Angsthase. Man muss sogar darüber sprechen, weil dann die Angst weniger wird.«
»Denen, die dich nicht mögen, denen darfst du aber deine Angst nicht zeigen«, sagt Max Maulwurf, »die fühlen sich dann nur noch stärker.«
Und Onkel Ronny beschließt, in den Kindergarten zu kommen und allen Jungen zu erzählen, dass man Angst haben darf.
»Wäre doch gelacht, wenn Dackel Dieter da seine dummen Sprüche loslässt, dass Männer und Jungen keine Angst haben dürfen. Die dürfen wie jeder Angst haben, auch mit Tränen. Das muss auch Dackel Dieter lernen.«
Tommy ist nicht ganz sicher, ob Dackel Dieter das lernen kann. Aber vielleicht doch? Versuchen wollen sie es auf jeden Fall!

Mach keinen Ärger, Conrad

»Ich streite mich nie!«, ruft Conrad und kurvt mit seinem Skateboard herum.
»Weil Conrad sowieso immer den Boss spielt«, sagt der große Otto.
»Deswegen streitet der nicht«, piepst der kleine Otto, und Coco ruft: »Ich finde das langweilig, wenn Conrad immer alles bestimmt.«
Und Clara murmelt: »Deswegen ärgert er uns dann, weil er das selbst auch langweilig findet.«
Da ärgert Conrad auch schon wieder den verträumten Paul: »Du bist mir zu klein und zu doof, waah!«
Und Ida reißt er die Mütze vom Kopf.
»Warum ärgerst du uns schon wieder?«, fragt Lulu.
»Weil mir sonst langweilig ist.« Er dreht sich zu ihr um und ruft: »Wer immer fragt, warum, der ist dumm, bumm.«
Conrad schneidet Clara mit seinem Skateboard den Weg ab und fährt ganz dicht vor die Fahrräder vom kleinen und großen Otto her. Er nimmt Coco den Ball weg, zieht Lulu an den Haaren und zertritt einem kleinen Kind den Sandkuchen.
»Waah«, ruft Conrad, »ich bin der Größte!«, und fährt einen doppelten Looping.
Er merkt gar nicht, dass er inzwischen ganz alleine ist.
Doch plötzlich stürzt Conrad bei einem Sprung über die Bordsteinkante. Zack, bumm, fällt er um. Sein Bein wird ganz dick und tut furchtbar weh. Ein Krankenwagen kommt und bringt Conrad ins Krankenhaus. Dort wird sein Bein eingegipst, weil es gebrochen ist.

Conrad liegt jetzt zu Hause im Bett mit einem dicken Gipsbein.
Natürlich will er, dass alle ihn besuchen.
»Ihr macht jetzt, was ich sage!«, ruft Conrad. Er schreit genauso herum wie immer.
»Das ist mir zu blöd«, sagt Coco und will schon gehen.
Da fängt Paul an zu lachen. Dann die beiden Ottos. Schließlich lachen auch Coco und Lulu, Ida und Clara.
Und Conrad schreit immer lauter: »Hornochsen, Zitterelche …«, und noch viel, viel mehr.
Er versucht, Lulu mit dem Gipsbein zu schubsen, Coco zu boxen, Otto zu treten, und dem Paul streckt er die Zunge raus. Bis alle gehen. Einer nach dem anderen.
Und von draußen rufen sie: »Wer immer nur haut, der ist dumm, bumm.«
Conrad liegt jetzt wieder allein in seinem Zimmer. Wie langweilig ihm ist!
»Waah!«, brüllt er. »Allein macht das alles keinen Spaß.«
Er ruft nach draußen: »Kommt doch wieder rein!«

»Wenn du immer nur doof bist und uns ärgerst, ist uns das zu langweilig«, ruft Lulu.
»Und wir wollen das nicht«, sagt Paul.
»Und was soll ich tun?«, fragt Conrad.
Coco überlegt: »Nicht immer nur ärgern, mit uns sprechen sollst du. Und zur Not streiten.«
»Streiten?«, fragt Conrad.
»Wenn du streitest, dann aber richtig: mit dem Kopf und nicht mit den Fäusten«, sagt Lulu.
»Und nicht mit blöden Schimpfwörtern«, sagt Ida.
»Man muss einfach sagen, was man will und was man nicht will«, piepst der kleine Otto.
»Streiten mit dem Kopf, dass ich nicht lache! Hast du etwa Fäuste im Kopf?«
Conrad findet streiten blöd.

»Das ist es ja«, sagt Lulu, »du weißt gar nicht, was streiten mit dem Kopf ist.«
»Gibt es ja gar nicht«, sagt Conrad.
Da sagt der große Otto: »Jeder bestimmt für sich selbst, das ist es.«
»Genau, und ich will jetzt draußen spielen!«, ruft Coco.
»Conrad, du kannst mir den Looping erklären«, sagt Lulu.
Und dann schreien alle durcheinander. Jeder will etwas anderes machen.
Da hat Clara eine Idee: »Wir bleiben erst noch ein bisschen bei Conrad, er erklärt uns seinen tollen Looping, und dann gehen wir zusammen raus.«
»Siehst du, so geht das«, sagt Coco zu Conrad, »so bestimmt man zusammen.«
»Und keiner ist einfach der Größte«, ruft Clara. »Wir sind alle zusammen am allergrößten!«

Liebe Eltern, liebe Erzieherinnen und Erzieher,

unsere kleinen großen Jungen! Müssen wir sie anders erziehen als Mädchen? Benötigt ihre Erziehung besondere Aufmerksamkeit?
Natürlich wollen Eltern ihre Söhne nicht zu »Weicheiern« erziehen, aber *Emotionalität und Einfühlungsvermögen* sind natürlich auch und gerade bei ihnen sehr wichtig, denn auf keinen Fall soll der Kleine ein Macho werden. Andererseits wünschen sich Eltern für ihre Jungen auch *Durchsetzungsfähigkeit und Charakterstärke.* Diese scheinbar so konträren Ansprüche verunsichern viele Mütter und Väter. Und wie sollen da nicht auch die Kinder verunsichert sein?
Erschwerend kommt noch hinzu, dass die Vorstellungen von einem idealen geschlechts(un)-spezifischen Verhalten keineswegs einheitlich sind. Oma hat andere Vorstellungen als Mama, hat andere Vorstellungen als Papa, als der Nachbar usw. Wie soll ein kleiner Mann da nicht verwirrt werden? Ganz besonders, wo die Ideale nur selten klar formuliert werden, sondern eher indirekt zu verstehen gegeben bzw. unreflektiert vorgelebt werden.
Wir können Jungen helfen, indem wir für uns selber und dann altersangemessen auch für sie deutlich machen, *welche Vorstellungen wir von idealen Männern und Frauen, Jungen und Mädchen haben.* Und »wir«, das sind nicht nur Mütter und Väter, sondern auch Omas und Opas, Onkel und Tanten usw. Dabei ist es für uns Erwachsene sehr spannend, uns unser eigenes Idealbild bewusst zu machen, über Vor- und Nachteile nachzudenken. Und immer wieder zu gucken, wo die Kinder durch die Ideale, die sie anderswo erleben, irritiert oder angeregt werden.
Oft im Gegensatz zum traditionellen Männerbild dürfen und sollen Jungen und Männer Gefühle aller Art zeigen. Klassisch männliche Stärke aber auch! Das

klingt abgedroschen, ist im Alltag aber alles andere als banal. *Gefühle* zu bemerken, zu benennen und auszudrücken, muss nämlich gelernt und *immer wieder geübt und vorgelebt* werden.
Aus Beobachtungen und aus der Biologie ist bekannt, dass Männer und Jungen wirklich *mehr Bewegung* brauchen als Mädchen, andere Spiele miteinander spielen als sie, Hierarchien *ausrangeln müssen,* überhaupt Wettstreite veranstalten, eher handeln als überlegen u.v.m.
Deshalb ist es so wichtig, dass Jungen auch mit Jungen und Männern spielen. *Gemeinsames Handeln und gemeinsame Verantwortung werden dadurch gestärkt* – so wie es auch in der Geschichte »Eine drachenmäßig starke Mutprobennacht« geschieht.
Jungen brauchen viel *Halt, Anerkennung und liebevolle Verlässlichkeit* von ihren Mitmenschen, gerade, weil sie unruhiger, oft »draufgängerischer« und »großmauliger« sind und eher anecken als Mädchen. *Respekt und Vertrauen, eigenständige Aufgaben und klare Regeln* lassen Jungen innerlich stark werden. Das hilft, überschüssige Energien in gute Bahnen zu lenken. Wie in der Geschichte »Ritterspiele«. Oder anders auch bei den drei Mäusejungen: Unsere Jungen brauchen ganz viel Gelegenheit, *stolz auf sich zu sein.*

Zusammengefasst: Männer müssen merken, wie wichtig sie für die Jungen, mit denen sie spielen und toben, sind. Mamas sollen die Besonderheiten ihrer Jungen erkennen und sie gerade da bewusst unterstützen, und sie sollen ihnen zeigen, dass sie sie so lieb haben, wie sie sind.

So, und jetzt auf zum Pizzateig-Wettkneten, oder spielen Sie mit Ihrem Jungen vielleicht lieber »Wer ist der größte Schmusetiger?«.

Ihre Dr. Anne Bischoff, Ärztin in der Kinder- und Jugendpsychiatrie und -psychotherapie